ACADÉMIE DES JEUX FLORAUX

ÉLOGE

DE

M. LE MARQUIS DE VILLENEUVE-ARIFAT

Prononcé en séance publique le 22 février 1880

Par M. le comte DE TOULOUSE-LAUTREC

Un des quarante Mainteneurs

(Conserver la couverture)

TOULOUSE
IMPRIMERIE DOULADOURE
Rue Saint-Rome, 39

1880

ACADÉMIE DES JEUX FLORAUX

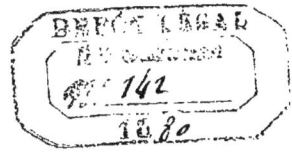

ÉLOGE

DE

M. LE MARQUIS DE VILLENEUVE-ARIFAT

Prononcé en séance publique le 22 février 1880

Par M. le comte DE TOULOUSE-LAUTREC

Un des quarante Mainteneurs

TOULOUSE
IMPRIMERIE DOULADOURE
Rue Saint-Rome, 39

1880

ÉLOGE

DE M. LE MARQUIS DE VILLENEUVE-ARIFAT

Messieurs,

L'immortalité, attribuée par une ambitieuse métaphore aux membres des Académies, est-elle au moins pour eux un gage de longévité? On serait tenté de le croire, en voyant le nombre de vieillards illustres qui ont pendant de longues années fait la gloire des diverses classes de l'Institut... Notre Académie ne fait pas exception à la règle, si elle est admise. Sans doute, le séjour du Parnasse est sain ; l'air qu'on y respire est pur, vivifiant et salubre comme celui de toutes les montagnes, et surtout, il y a dans l'amour et le culte des lettres une paix, une placidité, une douceur qui doivent être un bien pour le physique comme pour le moral.

M. le marquis de Villeneuve-Arifat fut parmi nous un de ceux qui reçurent le don d'une longue et heureuse carrière. S'il lui manque, pour la couronner, une voix digne de lui, c'est que de précieux liens de famille et une trop confiante amitié ont seuls, dans cette assemblée, où le choix était si facile, désigné son biographe. Je n'ai pas reculé devant la tâche qui m'était proposée, parce qu'il est toujours bon de raconter une belle vie, salutaire de vivre dans l'intimité de nobles exemples.

Sur les limites de l'Albigeois et du pays Castrais, s'étend un vaste plateau, montueux et profondément raviné. Ses contours sont dessinés par les berges abruptes de deux rivières encaissées (1) qui le protègent comme les fossés d'une citadelle. Des vallons étroits et sinueux dégorgent leurs ruisseaux dans les deux vallées ; leurs flancs sont couverts de bois de chênes, de frênes et de châtaigners, restes des vastes forêts primitives, alternant avec des espaces nus ou couverts de bruyères roses et de genêts à la fleur d'or. Le granit perce, çà et là, la terre souvent ingrate. Des chaînes de rochers à pic se profilent sur l'horizon, que remplissent d'un côté les croupes arrondies de la Montagne Noire, de l'autre, les cimes dentelées des Pyrénées. A ce rude sol, il faut une rude race, et il l'a : une race honnête, laborieuse, fière, participant des aptitudes du montagnard et des qualités de l'homme des plaines. Pays romantique, dans lequel s'élèvent, à chaque pas, les ruines de châteaux abattus dans les guerres du treizième siècle, ou dans les luttes religieuses du seizième.

(1) L'Agout et le Dadou.

C'est au milieu de ce peuple, sur cette âpre terre, dans un de ces manoirs — Arifat — brûlé en 1574 par les catholiques, rebâti en 1577 (1), que naquit, le 26 septembre 1792, Marie-Hyacinthe-Tristan de Villeneuve. Il était fils de Florent, marquis de Villeneuve-Arifat, et de Joséphine de Caylus.

Après l'invasion du XIIIe siècle, il y eut tout naturellement deux noblesses en Languedoc. Les partisans des comtes de Toulouse, tombant avec eux, jusqu'au bout fidèles; et les compagnons de Simon de Montfort, s'élevant sur les ruines et recevant la part de curée qu'avaient méritée leurs exploits. Parmi les premiers, étaient les Villeneuve. Ils s'étaient croisés avec Raymond IV, ils avaient lutté, souffert avec ses descendants : l'interdit, l'excommunication, l'extorsion, la guerre à outrance avaient pesé de tout leur poids sur leurs personnes et sur leurs terres. La conquête achevée, leur place au soleil du pays était bien amoindrie. Avec le temps toutefois, les rancunes et les haines s'apaisèrent; les rangs se mêlèrent; on rendit justice au patriotisme héroïque des vaincus; ceux-ci oublièrent peu à peu la féroce rapacité de leurs adversaires, les races se confondirent et plus d'une fille des vainqueurs vint mêler, dans la suite, son sang à celui des Villeneuve. Bien que, suivant la remarque d'un de nos anciens mainteneurs (2), cette famille ait été, comme toutes celles qui avaient combattu pour les Raymond, écartée des grands emplois civils et militaires, les rois de France eurent en eux des

---

(1) Dom Vaissette, *Histoire générale de Languedoc*, tome 5.
(2) M. du Mège, Eloge du marquis de Villeneuve, 26 février 1843.

serviteurs dévoués et fidèles, tels qu'ils l'avaient été de leurs infortunés suzerains; et la main des Villeneuve fut toujours prête à tirer pour eux cette vaillante épée que Raymond VII leur avait donnée pour emblème et qui flamboyait dans les combats, suivant leur devise : *Sicut sol emicat ensis*.

Le marquis Florent de Villeneuve unissait à l'exquise urbanité du gentilhomme d'autrefois les mâles vertus, le dévouement chevaleresque que demandent aux hommes de notre temps les saintes causes en péril. Il suivit le torrent de l'émigration, laissant à sa jeune femme le soin de son fils et de sa maison.

Il faudrait pénétrer dans la plus intime chronique des familles pour savoir tout ce que les femmes montrèrent de dévouement et de courage dans cette sombre époque. Au dessous de ces hautes figures apparaissant sur l'échafaud avec l'auréole du martyre, il y a la foule des mères, des femmes, des filles qui ont traversé ces jours de deuil sans faiblir. Tout ce qui fut dépensé par elles, de patience, d'énergie et d'adresse pour endurer les outrages, braver la tyrannie, subir les tracasseries, affronter les privations, maintenir les droits de la faiblesse, est indicible.

La marquise de Villeneuve-Arifat, dernier rejeton de l'illustre maison de Caylus, qui compte parmi ses alliés les Bonzi, les Riario, les Médicis, était une de ces femmes vaillantes et modestes. Douée d'un esprit vif et pénétrant, d'une délicatesse exquise, d'un caractère élevé, endurant à la fois et intrépide, elle semblait née pour les temps sinistres où elle devint mère. Son dévouement fut à la hauteur de tous les dangers. Pendant que son mari allait où le devoir semblait l'appeler, elle restait dans le vieux château, veillant sur le berceau dans lequel dormait l'enfant du proscrit et sur le patrimoine des ancêtres.

Mais la présence de la jeune mère et du nouveauné à Arifat était apparemment un péril sérieux pour l'omnipotence de la Convention, car tous deux furent emmenés à Toulouse, incarcérés et longtemps détenus. Notre confrère ébaucha ses premiers pas sur les pavés inégaux et disjoints des prisons. Au lieu du chant des oiseaux, du vent murmurant dans les arbres, de l'appel lointain du bouvier et du pâtre, des fumées bleues montant du toit des métairies dans le ciel; il eut pour premières harmonies le grincement des pesants verroux et des grosses clefs dans les serrures, les murs éraillés d'inscriptions obscènes, le pas lourd des geôliers, et leurs voix grossières, avinées, mais... patriotiques.

Bien des années après, la marquise de Villeneuve était fixée à Toulouse. Dans son salon élégant et simple, elle admettait un petit cercle de parents et d'amis. Là s'éteignaient dans des conversations sérieuses et charmantes les dernières étincelles de l'esprit du temps passé; là venaient mourir les plaisirs délicats et raffinés d'une société expirante. C'était l'époque où les hommes recherchaient la société des femmes; où briller dans le monde était un but; où l'on préparait le matin la causerie du soir. Ces temps sont loin de nous, nous ne nous en plaignons pas, nous le constatons. D'innombrables et imperceptibles influences agissent sur la société comme la lime sur le fer; à de grands bouleversements politiques doivent correspondre de grands changements dans les mœurs. Le monde moral est aussi mobile que le monde physique nous paraît stable. Cent ans ne sont rien pour le théâtre sur lequel s'agitent les hommes, et quelles métamorphoses dans les acteurs !

Quand son mari revint d'émigration, la marquise de Villeneuve avait bien souffert, mais elle avait le bonheur d'avoir sauvé son enfant et conservé les vieilles terres familiales. Appelé presqu'aussitôt sur les frontières de Suisse par les intérêts d'une parente, la comtesse d'Affry, dont le repos à venir était compromis par un procès considérable, M. de Villeneuve emmena avec lui son fils, dont il n'avait pas eu les premiers sourires.

Ce fut dans une antique et opulente demeure, entourée de vastes domaines, dans un parc immense, que l'enfant alla se développer et se former. Il avait là l'indépendance et les allures hardies de l'enfant anglais, qui ne sent pas la surveillance, qui sait de bonne heure se suffire et se défendre au besoin. Une intelligence à l'épanouissement facile, un cœur tendre et chaud, un caractère impétueux mais d'une rare bonté, une imagination prompte à s'enflammer, tel était, nous a-t-on dit, celui que nous ne devions connaître qu'aux limites de la vieillesse, conservant vigoureux encore les beaux germes des premières années.

Préparé pour le combat de la vie par les nobles exemples, les hautes leçons, les principes rigoureux dont le pli ne s'efface pas, et qu'il devait à son père et à la femme distinguée auprès de laquelle il résidait, Tristan de Villeneuve fut soumis de bonne heure à l'épreuve de l'éducation publique.

Placé au lycée de Besançon, il y obtint des succès brillants et rapides. Son caractère était déjà revêtu d'une force et d'une exaltation singulières à cet âge. Quand le bruit de la mort du duc d'Enghien franchit les murs du lycée, il sentit son cœur se soulever : le regard enflammé, les joues couvertes de larmes, il se précipita dans la chapelle, et là, à genoux, la main sur l'autel, il jura de venger un jour la victime dans le sang du meurtrier. Il avait alors douze ans.

Nous le retrouvons, après sa vingtième année, à Paris, habitant avec son père, et pendant les Cent-Jours, remplissant pour la cause royaliste des missions délicates et difficiles, exposant sa vie sans hésiter, et jetant sa pensée dans un moule si net et si solide, que certaines notes politiques écrites par lui, textuellement reproduites et attribuées à de hauts personnages, ont eu plus tard les honneurs de la lecture au Congrès de Vérone. *Sic vos, non vobis!*

La restauration accomplie, toutes choses reprenant leur marche régulière, l'ardeur et le dévouement de Tristan de Villeneuve rentrèrent dans les digues ordinaires de la vie. Il fut soldat : il n'aurait pas pu être autre chose. Il avait la passion du noble métier des armes. Il en comprenait la grandeur, l'abnégation, l'esprit de sacrifice, la responsabilité. Il avait l'idée la plus haute et la plus complète de l'obéissance et du commandement.

Sous la Restauration, le libéralisme était, dans les mains de l'opposition, une arme dangereuse et décevante : dans celles du pouvoir, un instrument réel, utile et bienfaisant. On avait fondé, dans les corps de la garde, des écoles d'enseignement secondaire destinées à élever l'instruction et l'éducation des sous-officiers prétendant au grade de sous-lieutenant au niveau de celles que leurs camarades, plus favorisés, avaient pu acquérir dans les écoles militaires.

Lieutenant et bientôt capitaine au 6ᵉ régiment de la garde royale, Tristan de Villeneuve fut chargé du cours d'histoire de France, et, en cette qualité, il prononça, dans une séance solennelle présidée par le colonel baron de Revel, le discours d'ouverture des écoles. Ce n'est pas sans émotion et sans tristesse que j'ai lu ce discours, improvisation étudiée et méditée, mais très chaude et très vivante (1). Comment ont pu naître et faire explosion des dissentiments terribles entre les Français, animés tous du même bon vouloir? On se le demande en trouvant, sous un peu de pompe, ornement habituel du style à cette époque, un sentiment de fraternité militaire, de solidarité, une passion de répandre l'enseignement qu'on ne dépasserait pas aujourd'hui; mais on y trouve des notes qui paraîtraient maintenant discordantes — l'amour passionné du Roi, dans lequel s'incarnait la patrie, — le respect profond de la hiérarchie, et par-dessus tout quelques phrases éloquentes et émues sur la religion, appui et base de l'ordre social.

Nommé plus tard commissaire du gouvernement au conseil de guerre, il se signala dans ses fonctions

---

(1) Discours prononcé par M. le comte Tristan de Villeneuve-Arifat, capitaine au 6ᵉ régiment d'infanterie de la garde royale, à l'ouverture de l'Ecole régimentaire des sous-officiers, recueilli par un sténographe.

par la droiture du jugement, la dignité, l'élévation et parfois l'entraînante éloquence du langage.

Il fit la campagne d'Espagne en 1823. Replacer une couronne sur le front d'un Bourbon, réprimer une révolte, sœur de celle qui avait fait tomber une tête royale, c'était une noble tâche! L'Espagne de 1823, c'était une Vendée, mais non pas une Vendée seule, abandonnée, sans argent, sans armes autres que de vieux fusils et des fourches, sans chefs que d'héroïques paysans ou de vaillants gentilshommes ; un prince du sang royal pour généralissime, des maréchaux, des généraux, de beaux régiments, une armée régulière enfin. Tristan de Villeneuve prit dans l'expédition sa part modeste, avec la foi et l'enthousiasme d'un croisé. Les soldats aimaient sa gaieté vive et franche, et les chefs estimaient son savoir militaire et son intrépidité chevaleresque.

Dans bien des âmes, les généreuses illusions de 1789 survivaient encore aux années terribles qui leur avaient infligé le plus cruel démenti. Tristan de Villeneuve les avait reçues en héritage, et il appartenait à la partie libérale des royalistes. Il était de ceux qui croyaient que la Monarchie pouvait être conseillée, dirigée et même critiquée et attaquée dans ses ministres, mais qu'elle reposait sur des bases si solides que rien ne saurait l'ébranler. Or, notre pays a offert depuis quatre-vingt-dix ans à l'Europe un spectacle attristant.

Il semble que ni la nation, ni ceux qui étaient à sa tête n'ont eu la vraie compréhension de l'autorité, de son universelle utilité, de sa grandeur. L'une rejetant le pouvoir étourdiment, sans scrupule, sans crainte de l'avenir et des aventures ; les autres se le laissant arracher par la première émeute parisienne, sans souci du dépôt qu'ils tenaient du pays tout entier, sans tenir compte de leur rigoureux de le voir de le conserver. — Un navire, dont l'équipage se révolte et jette par dessus bord le capitaine, qui se laisse faire sans lutter et se cramponner aux bordages.

Comme tant d'autres, M. de Villeneuve fut surpris et frappé au cœur par la Révolution de Juillet. Sa carrière ne semblait pourtant pas devoir en souffrir. La branche aînée des Bourbons venait de conquérir l'Algérie, couronnant, par une fructueuse victoire, une ère brillante et féconde. M. de Villeneuve avait le goût des aventures militaires ; il avait une connaissance assez étendue des langues de l'Orient ; sa place paraissait d'autant mieux marquée dans la colonie nouvelle, que les princes d'Orléans avaient reçu de leur aïeule, la fille du vertueux duc de Penthièvre, une tradition d'affectueuse bienveillance envers le marquis de Villeneuve et son fils... Aucune perspective flatteuse ne l'arrêta : il brisa son épée, non sans regarder avec larmes ses tronçons inutiles. Il obéissait à sa conscience.

Sa main, pour un serment, valait des mains royales (1).

Vieille et illustre race des Villeneuve, il y avait plus de six siècles que pour eux valeur et fidélité étaient inséparables !

Si la piété filiale ne l'avait retenu à Paris, auprès de son père, il eût, sans aucun doute, été demander

---

(1) Victor Hugo, *Hernani*.

en Europe, loin de la France, à quelque prince légitime, de dépenser à son profit, cet amour de la vie et de la mort du soldat, qui était une partie de son âme.

Mais nous ne sommes plus au siècle des expéditions aventureuses et chevaleresques. Tristan de Villeneuve entra dans le mouvement des esprits, ne pouvant plus se jeter dans la mêlée des armes. Ses relations de famille lui facilitaient l'accès du monde le plus brillant.

Il vivait d'ordinaire à Paris avec son père, qu'il avait eu le bonheur d'arracher au choléra de 1832. Souvent, il franchissait la frontière pour répondre à l'appel de nobles et hautes amitiés. En Belgique, il était attiré par le comte de Mercy-Argenteau, en Angleterre par le duc et la duchesse d'Hamilton, deux incomparables types de la brillante et solide aristocratie anglaise.

En 1837, pressé par ses amis d'utiliser son active intelligence, il tourna ses regards vers la vie politique et fit un appel aux électeurs du Tarn, son pays d'origine; mais, même en ce temps de suffrage restreint, il fallait pour arriver une souplesse, un entregent, des démarches qui n'étaient pas dans sa nature. Il ne réussit pas.

Lorsqu'un homme doué de facultés remarquables, est obligé, — et le cas n'est pas rare de nos jours, — de disparaître prématurément de la vie publique, par conscience ou par contrainte, il garde dans sa retraite les qualités destinées à briller sur un autre théâtre. On voudrait l'y suivre, l'entendre, le voir agir; le respect de la vie privée s'y oppose, et c'est ce désir irréalisable que nous éprouvons à ce moment de la vie du marquis de Villeneuve.

Ramené dans le midi de la France par son infructueuse tentative, il reprit avec sa mère une intimité que les circonstances avaient longtemps interrompue. Le monde toulousain accueillit avec faveur cet hôte nouveau, conteur charmant, causeur animé et instruit, ayant beaucoup vu et beaucoup retenu, de rapports attachants et sûrs. Une étroite amitié l'unissait à son parent, le marquis Pons de Villeneuve-Hauterive, l'un de nos ancêtres académiques, le savant et vigoureux auteur de l'*Agonie de la France* (1), grand ouvrage, auquel il n'a manqué peut-être qu'un peu de concentration pour prendre rang parmi les premiers écrits politiques de notre temps. Le marquis Pons de Villeneuve, par une exception à peu près unique dans sa famille, avait occupé une haute situation dans l'Etat. Le duc d'Angoulême, en 1816, lui avait confié l'administration de vingt-deux départements du Midi.

Jusqu'à la mort de cet homme distingué, notre confrère vécut avec lui dans le plus intime commerce, et le vieillard voulait s'attacher son parent par des liens plus étroits. Il ne vécut pas assez pour voir son vœu réalisé. Deux années de voyage en Angleterre, en Écosse, en Italie, en France, s'écoulèrent avant que M. Tristan de Villeneuve obtînt la main de celle qui devait réaliser avec lui cet idéal sur la terre : le mariage chrétien.

Dans ce temps où l'on publie sans crainte tant de lettres écrites au jour le jour, échappées au courant

(1) *Agonie de la France*, par M. le marquis de Villeneuve, ancien préfet de Tarn-et-Garonne, Hautes-Pyrénées, Cher, Creuse, Corrèze, ancien administrateur général du midi du royaume sous les ordres de M. le Dauphin, ancien conseiller d'Etat, etc. Paris, 1839.

de la plume, je regrette qu'un voile nous dérobe cette correspondance de deux années pendant lesquelles Paris, l'Angleterre et ses mœurs, Rome et ses grandeurs, la politique, les lettres faisaient le sujet d'entretiens écrits, qui renouvelaient le charme des conversations du foyer et en tenaient lieu.

Un membre distingué de l'Académie française appelait récemment notre époque le siècle des préjugés (1). Il faut bien cependant reconnaître qu'elle a compris notre art national, notre littérature ancienne, et que, si elle a gardé quelques préjugés, si elle en a acquis de nouveaux, il en est dont elle a fait justice. Un des plus bizarres était la mise en fait positive, indiscutable, de l'ignorance de la noblesse française. Dans les temps les plus reculés, il est bien vrai que la science était réfugiée dans les cloîtres des monastères, et que les hommes de guerre n'étaient pas des lettrés; mais après la période barbare, les lumières se répandirent rapidement, et, pour ma part, je n'ai jamais rencontré dans nos archives ces fameux actes scellés d'une croix accompagnée de la mention : *A déclaré ne savoir signer en sa qualité de gentilhomme.* Ces gentilshommes-là, s'ils ont jamais existé, étaient sans doute de la maison de Sottenville ou de celle de la Prudoterie (2), car, pour faire d'une grossière ignorance, d'une absence absolue de culture, l'apanage de la noblesse, il faudrait renier nos cours d'amour et nos troubadours; oublier nos vieux chroniqueurs : Ville-Hardouin, Joinville, l'aimable sénéchal de

---

(1) Comte de Champagny, *Correspondant*, 25 octobre 1879.
(2) Molière, *Georges Dandin*.

Champagne; Philippe de Commines; il faudrait rayer du seizième siècle : Montaigne, du Belley, Charles d'Orléans; méconnaître Malherbe; ne pas compter parmi nos classiques : la marquise de Sévigné, la Rochefoucauld et le duc de Saint Simon; et trouver dans notre époque des gloires littéraires plus hautes que celles de Châteaubriand, de de Maistre, de Lamartine, de lord Byron, de Musset, de Montalembert, de Vigny et du vicomte Victor Hugo. Le génie et le talent, comme le courage et la vertu, sont le patrimoine commun de toutes les classes et ne sont le privilège d'aucune. La main qui manie l'épée peut merveilleusement tenir la plume.

L'histoire de la maison de Villeneuve ne me démentirait pas plus au moyen âge qu'aujourd'hui, et depuis le temps d'Antoinette de Villeneuve, il semble que l'Académie des Jeux-Floraux soit dans ses domaines.

Notre Compagnie avait perdu depuis quatre ans le marquis Pons de Villeneuve-Hauterive, lorsque son gendre vint, en 1847, recueillir la succession du marquis de la Tresne. Il vous arrivait, « soldat » dont les Révolutions avaient brisé l'épée, pèlerin » longtemps errant loin du sol auquel ses pères » avaient donné quelques-uns leur sang, tous leur » amour (1). » Dans son remerciement comme dans la semonce qu'il prononça en 1860, je retrouve l'ardeur et l'exaltation des passions royalistes; car, pour M. de Villeneuve, la politique était une passion et une foi; — un dogme qui n'admettait pas une ombre de dissidence, un culte qui ne souffrait pas une

---

(1) Remerciement de M. le marquis de Villeneuve-Arifat.

minute de tiédeur. Il semblait avoir rapporté d'Ecosse, où l'amitié l'appelait souvent, un reflet des Montrose et des Claverhouse; quelques traits de ces beaux personnages de Walter Scott, dont il aimait le pays brumeux, les plateaux à la végétation tordue et rousse. — Souvent, quand j'écoutais sa parole fougueuse, quand je regardais l'éclair de ses yeux, la mobilité véhémente de ses traits accentués, sa taille vigoureuse, il me représentait les partisans des Stuarts, les Jacobites ou les Cavaliers, qui tombaient à Preston, à Culloden, la main sur leur claymore, l'œil menaçant encore fixé sur les Têtes-Rondes, exhalant leur dernier souffle au cri de : *Vive le Roi!*

Je remarque aussi dans ses trop rares écrits, où la langue est nette et pure, la pensée ferme et vivement colorée, ce profond sentiment méridional qui existait à peine il y a vingt ou trente ans, et ce cri du blessé, cette haine de l'envahisseur qui seyaient si bien sur les lèvres d'un descendant de Pons IV de Villeneuve, le grand capitaine.

Avec cela une irréprochable orthodoxie littéraire, l'adoration du grand siècle. — La connaissance familière et l'étude des lettres de notre temps, mais avec un peu de méfiance de la nouveauté; en tout l'horreur de l'hérésie, en religion, en philosophie, en politique, en littérature; orthodoxe en tout, ardent et militant, mais à sa manière personnelle et assez indépendante.

Monsieur de Villeneuve a, malheureusement, moins écrit que parlé, et la parole, cet instrument charmant, admirable et dangereux, s'envole sans laisser qu'une trace éphémère. Chez M. de Villeneuve, tout sentiment noble, élévé, généreux s'exaltait vite jusqu'à la passion et s'exprimait avec feu, mais il avait à ses ordres le tact, le goût, la mesure, et savait guider sa parole au milieu de la fougue de ses pensées, comme le Canadien dirige sa pirogue à travers le bouillonnement et le fracas des rapides et des cataractes.

Il ne tarda pas à pouvoir montrer sa facilité d'improvisation sur des scènes tumultueuses, pour lesquelles nos paisibles entretiens littéraires ne l'avaient pas préparé.

Le temps marchait, un orage grondait à l'horizon. La campagne des banquets était ouverte. En ce temps-là, la France avait faim de banquets. Or le pouvoir voyait du danger dans ces agapes, prétexte d'opposition et de discours hostiles. Il les défendit. Aussitôt Paris s'indigne et se révolte, un trône s'écroule, une dynastie tombe, la société s'ébranle, et désormais heureux, les Français peuvent faire de la politique librement, les pieds sous la table, les fourchettes et les verres en main. Cependant de mauvais ferments sont en ébullition. Deux courants contraires s'établissent. Parmi les vainqueurs, les uns voulant que la religion soit de la partie, exigent que la garde nationale, la plus étonnante mais non pas la plus heureuse des inventions révolutionnaires, escorte le clergé, bénissant les pauvres et grêles arbres de la liberté dont le bouquet maigre, flétri, et le tronc écorché, ne tardent pas à faire un philosophique et saisissant contraste avec les vigoureux ormeaux de Sully. Les autres ne veulent du clergé ni dedans, ni dehors. L'église fermée leur semble la conséquence logique de la salle du banquet ouverte.

Un jour dans notre religieuse et noble ville, à l'entrée de la cathédrale, la procession des corps saints, le palladium de la cité et sa gloire, ne rencontra pas le respect accoutumé. Il y eut des cris, des blasphèmes, des huées partant d'un groupe hostile entraîné par des meneurs. Tristan de Villeneuve, indigné, bondit sur une table de café qui lui sert de tribune, apostrophe ces libre-penseurs, harangue l'assistance avec l'élan de sa foi, et l'électrise. La foule repousse les mutins, le désordre cesse. Il est plus difficile de contenir le peuple que de le déchaîner, de lui montrer le devoir et la vérité que de flatter ses passions ; de parler comme Villeneuve que comme Camille Desmoulins. Le tribun chrétien réussit. La foule française aime les vaillants, celle du Midi surtout, impressionnable et mobile. Chacun se complaît à croire qu'il pourrait bien être le courageux qu'il applaudit.

Cet acte énergique, son nom toulousain plus vieux que les remparts de la ville, désignaient M. de Villeneuve aux choix des électeurs pour l'Assemblée Constituante. Il est à remarquer que, chaque fois que Paris nous a expédié une Révolution nouvelle, la Province a frémi et s'est jetée dans les bras des conservateurs. De là, la Chambre de 1848 et celle de 1871. Puis, cet acte de bon sens accompli, trompé dans ses espérances, le suffrage universel descend volontiers les pentes nouvelles. Porté sur un scrutin de liste, M. de Villeneuve dut affronter et les pièges des assemblées électorales, et l'atmosphère souvent impure des clubs. Il s'y montra prompt à la réplique, résolu dans l'attaque, courageux dans la défense, vraiment éloquent, m'a-t-on dit. Il réunit la minorité bien respectable de 34,000 suffrages. Les votes d'un canton terrorisé par la présence du proconsul rhumatisant qui était allé retremper sa vigueur jacobine dans des Thermes fameux, fermèrent les portes de l'assemblée devant notre confrère. Porté l'année suivante sur une liste pour l'Assemblée législative, il se retira et se désista généreusement devant une combinaison dont il ne faisait pas partie et qui semblait offrir plus de chances de succès.

Cette fois, c'était fini. La vie politique était close pour lui. Mais elle bouillonnait en France et de singulières rencontres se produisent souvent dans les temps troublés.

Le marquis de Villeneuve, qui rêvait, au Lycée, de venger le duc d'Enghien, se trouva, près de cinquante ans plus tard, en face du neveu du grand homme à qui il avait voué une véritable exécration. Il avait eu la bonne fortune de négocier le mariage de son ami le duc d'Hamilton avec une fille de la grande duchesse de Bade, tante du prince Louis-Napoléon. On avait parlé de M. de Villeneuve au Prétendant, qui attendait patiemment à Paris des destinées auxquelles il croyait avec la foi aveugle d'un fataliste. Un hasard, cherché peut-être par une liaison commune, réunit le royaliste et le futur empereur. On se préoccupait déjà beaucoup de la popularité que le prince devait à son nom et du prestige qui lui promettait le pouvoir. M. de Villeneuve lui parla avec sa franchise et son ardeur habituelles. Il s'émut en dépeignant les beautés historiques du rôle de Monck; il fit entendre à son auditeur les plus nobles accents du devoir social et

politique ; il lui montra quelle serait la grandeur de celui qui replacerait la société nouvelle, transformée, sur sa plus antique et sa plus ferme base, la transmission légitime, héréditaire du pouvoir. Le prince l'écouta. L'œil sans regard, la bouche sans sourire, la physionomie impénétrable, il voyait passer ce flot de paroles pressées, véhémentes, enthousiastes. M. de Villeneuve espérait-il convaincre? J'en doute, son expérience aurait dû lui apprendre que celui qui se croit l'héritier d'une couronne, n'aspire pas à la saisir pour la rendre. Louis Napoléon fut, sans doute, remué plus qu'il n'avait voulu le paraître : « Quel dommage, disait-
» il après cet entretien, qu'on ne puisse s'attacher
» cet homme là! Pensez-vous qu'on ne pourrait
» jamais en faire un bonapartiste ? »

Non certes; on ne pouvait pas, pas plus que faire un Monck d'un Bonaparte.

Ai-je besoin d'ajouter que les interlocuteurs ne se revirent plus, et que des offres brillantes, cachées sous des formes délicates et transmises par l'amitié du duc et de la duchesse d'Hamilton, restèrent sans effet.

Désormais, M. de Villeneuve n'eut plus de pensées que pour ses amis et ses confrères. Il était, par dessus tout, homme du monde, non pas de ce monde joyeux, bruyant et vide, d'où l'eût éloigné son âge, mais l'homme des réunions intimes et choisies. Toute sa vie, son goût le porta vers l'habitation de la campagne animée par un petit groupe d'amis. Là, dans cette vie large et indépendante, à l'anglaise, où l'on se rencontre, sans se gêner, autour d'un foyer hospitalier, où la journée appartient à chacun avec ses travaux et ses habitudes, il était dans son élément. Il possédait à un rare degré l'art difficile de la lecture, et il s'y complaisait. Il aimait à prêter sa voix juste et puissante aux grands accents de la tragédie, aux transports lyriques, aussi bien qu'aux joyeuses et mordantes leçons de la comédie; il aimait à dire les beaux vers de Corneille et de Racine, l'incomparable prose de Molière, les élégances raffinées de Marivaux, la fine et éblouissante parole de Musset, et de quelque autre, des plus délicats, parmi nos écrivains modernes.

Pour M. de Villeneuve, l'Académie des Jeux-Floraux était encore un salon où il apportait le tribut de ses connaissances étendues et de son goût littéraire éclairé. Quel prix il attachait à l'honneur d'avoir été choisi par vous! Je n'ai besoin pour le dire que de rappeler qu'il voulut le partager. C'est dans sa vie un charmant épisode, et dans nos annales un exemple peut-être unique. Un soir, pendant le jugement du concours, il y avait à se prononcer sur le mérite d'un des discours dont notre confrère connaissait bien l'auteur. Quand vint son tour d'opiner, il fut très ému, très tremblant, très hésitant, lui qui ne tremblait et n'hésitait guère dans ses opinions et les affirmait au contraire avec une certaine vivacité, à l'Académie comme partout. Mais nos prédécesseurs, bons juges comme nous nous efforçons de l'être, n'hésitèrent pas, eux. Le discours fut applaudi, couronné. C'était une femme qui avait écrit avec un talent délicat, avec son cœur et son âme, l'éloge de Delille. Plus tard, un nouveau succès accueillit l'éloge de Joseph de Maistre. L'auteur ne tarda pas à recevoir la plus haute distinction que nous puissions décerner, le titre de Maître ès Jeux Floraux, et désormais, dans nos séances solennelles, M. de Villeneuve eut le bonheur intime de ne plus venir seul à l'Académie (1).

Il avait, d'ailleurs, cette joie parfaite et profonde de sentir toutes ses aspirations, tous ses goûts, tous ses enthousiasmes partagés, et c'est un bonheur rare de se dédoubler ainsi, — de voir des mêmes yeux, les paisibles Polders de la Hollande et les Burgs menaçants des bords du Rhin; de découvrir tous deux sur les bruyères d'Ecosse, dans les lourds nuages gris qui se traînent sur les coteaux, le cortège des héros d'Ossian; de contempler par un beau jour les cimes neigeuses des Pyrénées et de peupler aussitôt leurs vallées des Paladins de Charlemagne; de frémir ensemble en foulant la poussière sacrée du Colysée; de parcourir à pas lents, dans les mêmes pensées, les méandres des catacombes et les rues désertes de Pompéï; de sentir le même trouble en plongeant ses regards dans le vaste et majestueux horizon de la campagne romaine, la même joie en se laissant aller au charme du golfe de Naples; de s'incliner d'un même cœur devant le Pape et devant le Roi !

Pour bien des hommes, cette vie intellectuelle et morale à deux n'est qu'un rêve; pour le marquis de Villeneuve, ce fut une heureuse et constante réalité.

Mais le but final de la vie est grave, et la tendresse qui l'enveloppait avait une ambition plus élevée que celle de ces passagères jouissances. Il fallait monter

---

(1) Mme la marquise de Villeneuve-Arifat reçut les lettres de Maître ès Jeux-Floraux dans la séance du 3 mai 1857. Elles lui furent remises par le modérateur, M. Pagès; et elle prononça dans la même séance son remerciement et l'éloge de Clémence Isaure.

plus haut. Sous cette douce et tutélaire influence, M. de Villeneuve sentit son âme, de tout temps chrétienne, acquérir ce qui manque souvent aux esprits même religieux, et s'ouvrir aux grandes émotions de la foi. Dès lors, rien n'altéra plus sa force et sa sérénité.

Les années se succèdent avec une uniforme placidité. Il semble que l'âge recule devant l'énergie et la vitalité de certaines organisations. La vieillesse n'apporte au marquis de Villeneuve pas un inconvénient, pas une infirmité ; elle ne modifie pas ses goûts et ne l'empêche pas de les suivre; ses amitiés, ses curiosités, son amour des voyages, ses plaisirs tempérés du monde, elle les respecte.

Mais enfin la vie se resserre. A quatre-vingt-cinq ans, cette inaltérable santé reçoit une atteinte douloureuse : il ne peut plus suivre son penchant vers l'église, qui l'attirait comme le lieu où il trouvait le calme, en attendant d'y trouver le dernier repos.

Il fallait reconnaître qu'il avait vieilli :

> Tout est derrière lui, maintenant, tout a fui
> L'ombre d'un siècle entier devant ses pas s'allonge.
> . . . .
> Vieillir ! sombre déclin ! l'homme est triste le soir,
> Il sent l'accablement de l'heure finissante.
> On dirait par instant que son âme est absente
> Et va savoir là-haut s'il est temps de partir (1).

Il n'est pas donné à l'homme de connaître ce qui se passe dans une âme qui se détache par la violence de la maladie ou l'affaissement de la vieillesse. Quels tableaux se retraçaient dans la mémoire de

(1) Victor Hugo, *Légende des Siècles.*

Tristan de Villeneuve affaibli, presque couché dans son fauteuil, devant une fenêtre d'Arifat, au chaud soleil qui caressait ses membres, les yeux vaguement flottants dans l'horizon ?

Que de chemin parcouru de 1789 à 1878, quatre-vingt-neuf années dont les trois premières seules ne lui avaient pas appartenu ! supprimez le premier crépuscule, celui de l'aurore, où l'œil inexercé n'a pas encore sa puissance, et le dernier, celui du couchant où il la perd peu à peu, que de tragédies et de drames il a vus ! son berceau est ballotté dans les prisons de la Terreur ; son enfance s'écoule en pleine boue du Directoire ; sa jeunesse entend l'épique tambour et le mâle clairon du Consulat, le fracas des magiques et stériles batailles de l'Empire. Il jouit des pacifiques et fructueux loisirs de la Restauration — halte magnifique dans la marche révolutionnaire, interrompue et refoulée par l'inutile et coupable émeute de Juillet. L'homme est formé, le soldat a offert son sang, brisé son épée — il espère, il attend — la foudre frappe encore ; une deuxième République apparaît, sombre, et le pauvre navire remonte sur les flots avec un nouveau capitaine. Le second Empire vit, semble prospérer, dérive à son tour, touche un écueil qui le brise. Une troisième République surgit, sous une forme plus effrayante encore que la première. Il a vu Fouquier-Tinville et Raoul Rigault aux deux bouts de sa carrière, se clouer au même sanglant pilori.

Il a vécu sous quatre Rois, deux Empereurs, trois Républiques, et je ne sais combien de gouvernements provisoires, si tant est que nous en ayons d'autres, maintenant que la vie moyenne du pouvoir souverain en France ne dépasse pas treize ans, le maximum de notre constance politique.

Enfant, il ne vit pas l'encens fumer sur les autels ; ils étaient tombés, les églises profanées et vides, — les prêtres dispersés ; — jeune homme, il voit le culte renaître, la piété refleurir dans les âmes, le scepticisme se réfugier dans les livres. Longtemps il semble que l'ennemi ait désarmé, que la société politique ne redoutera plus la libre expansion des âmes devant Dieu, et peu à peu l'hostilité renaît, et le vieillard peut se demander si l'ère des persécutions va se rouvrir, s'il y aura encore longtemps place en France pour ceux qui enseignent la religion et pour ceux qui la pratiquent.

Au commencement de sa vie, son oreille pouvait être souillée par les chants en l'honneur de la déesse Raison — et sur son déclin elle était ravie par les doux cantiques des pèlerins mêlés au murmure du Gave de Lourdes.

Les lettres, la philosophie, l'éloquence, les arts qu'il avait aimés de passion, il les a vu s'élancer d'un bond superbe vers les régions suprêmes, et redescendre une pente rapide. Que de noms perdus, de livres oubliés, de tableaux dédaignés, de gloires disparues, de flambeaux éteints, de mémoires anéanties !..

Et tant de travail, tant de ruines, tant d'avénements, tant de chutes, tant de naufrages, tant de bouleversements, de systèmes, de constitutions et de lois, tout cela s'est accompli, élevé, agité, réparé, renversé, redressé, dans un court espace du temps de l'histoire, dans les quatre-vingt-six années que Dieu avait accordées à un seul homme.

Et dans cette mêlée religieuse, politique, morale,

artistique, dans ces tourbillons, ces brouillards et ces tempêtes, dans cette effroyable confusion du faux et du vrai, du juste et de l'injuste, du laid et du beau, dans ces ténèbres et ces courts éblouissements de lumière, Tristan de Villeneuve, sentant le terme venir pour lui, pouvait se dire qu'il avait su garder sa voie et sa foi, ne pas dévier, ne pas s'égarer, ne se laisser ni troubler ni séduire ; distinguer toujours l'or du clinquant, rester inébranlable dans l'immuable unité de ses croyances et de ses doctrines, et cependant il avait vécu, il avait agi, il avait marché avec son siècle, toujours sévère à l'erreur et indulgent aux hommes...

Au mois de septembre 1878, il éprouva un vif désir de revoir Paris, ses anciens amis, ses vieux souvenirs. C'était pendant que les foules accouraient à l'Exposition. Un motif plus sérieux, puisé dans une exquise délicatesse de conscience, l'y appelait surtout. On ne vit aucun danger dans ce voyage, — il quitta cette embrasure de fenêtre d'où son regard presque éteint embrassait la vie latente mais active des champs, et suivait vers l'église le petit sentier protégé par une statue de sainte Germaine..... il reprit le chemin de Paris. Il rentra, à peine vivant, dans le mouvement et la vie.

Paris, c'était le berceau de sa jeunesse ; là il avait vu la Royauté rayonnant dans les Tuileries aujourd'hui brûlées. Il reconnaissait les rues où la garde royale mourait si bien en 1830... Il revoyait les grands hôtels du faubourg Saint-Germain où il entrait jadis d'un pas aisé et rapide.

Il put terminer en quelques jours l'œuvre pour laquelle il était venu. Rien ne le retenait plus, et une véritable nostalgie s'empara de lui. C'était peut-être aussi cette agitation, cette impatience fébrile du mouvement qui envahissent l'être à l'approche de l'éternelle immobilité. Il voulait impérieusement retourner dans le midi de la France, dans le vieux château de ses pères. Il ne devait pas les revoir. Il n'était pas destiné à rendre son dernier souffle dans le solennel silence de la campagne, en plein soleil, mais au jour gris et blafard qui tombe entre les hautes maisons, dans ces bruits soudains et ce roulement perpétuel qui rappellent, à Paris, le ressac et le sourd murmure de la mer.

Ils étaient seuls, tous deux, le malade et sa compagne, sans leurs serviteurs familiers, sans amis, sans relations intimes, sans autre aide que la banale assistance d'hôteliers complaisants. Ce fut elle, l'orgueil et la joie de tant d'années, la force et le courage de l'heure dernière, qui dut lui dire, avec tous les ménagements, toutes les délicatesses de la femme et toute l'énergie de la chrétienne, cette parole toujours surprenante : « Il faut mourir ! »
Il n'en fut pas troublé.

Il n'a pas un remords et pas un repentir.
Après quatre-vingts ans, son âme est toute blanche (1).

Un jeune prêtre, son proche parent, fut appelé. Ils eurent plus d'un entretien ensemble, et l'âme tendre et pieuse de M. l'abbé d'Hulst (2), sa voix aimée, respectueuse et sympathique, adoucit pour le mourant un passage qui ne devait pas lui être bien redoutable.

(1) Victor Hugo, *Légende des Siècles*, Rat-bert.
(2) L'abbé d'Hulst, vicaire général de Paris, fils du comte Maurice d'Auteroche d'Hulst et de Denise du Roure.

Le 6 octobre 1878, au matin, après une lutte terrible, une agonie qui montrait quelles vigoureuses attaches retenaient cette âme à ce corps fatigué, il s'éteignit, tous ses devoirs accomplis, confiant et calme, en paix avec Dieu, dans cette vaste solitude de Paris, où l'homme qui tombe fait à peine le bruit d'une feuille sèche qui se détache dans les bois.

Pendant les rares loisirs d'une carrière laborieuse et distinguée, vous cherchiez, Monsieur (1), votre délassement dans la culture des lettres; elles vous ont été fidèles, et, quand les événements vous ont rendu à votre ville natale, vous vous êtes empressé de nous demander un asile à l'abri des acrimonies et des vicissitudes, des discussions et des revers. Si le pays doit regretter les services que vous pouviez lui rendre longtemps encore, ce n'est pas à nous à nous plaindre ni du despotisme du pouvoir qui fait que nous vous possédons, ni de la mobilité capricieuse du suffrage à laquelle nous devrons la bonne fortune d'entendre l'éminent orateur qui va vous dire dans quels sentiments sympathiques vous accueille l'Académie (2). Il vous les exprimera dans des termes dont je ne saurais atteindre l'éloquence, mais ma juste modestie s'arrête là; car, si cordial que soit son accueil, il ne saurait dépasser l'affectueuse effusion de cette simple parole de bienvenue que nos usages me permettent de vous adresser.

(1) M. Charles de Raymond-Cahusac, ancien préfet de l'Ain.
(2) M. Gabriel de Belcastel, ancien député, ancien sénateur.

Toulouse. — Imp. DOULADOURE.

35

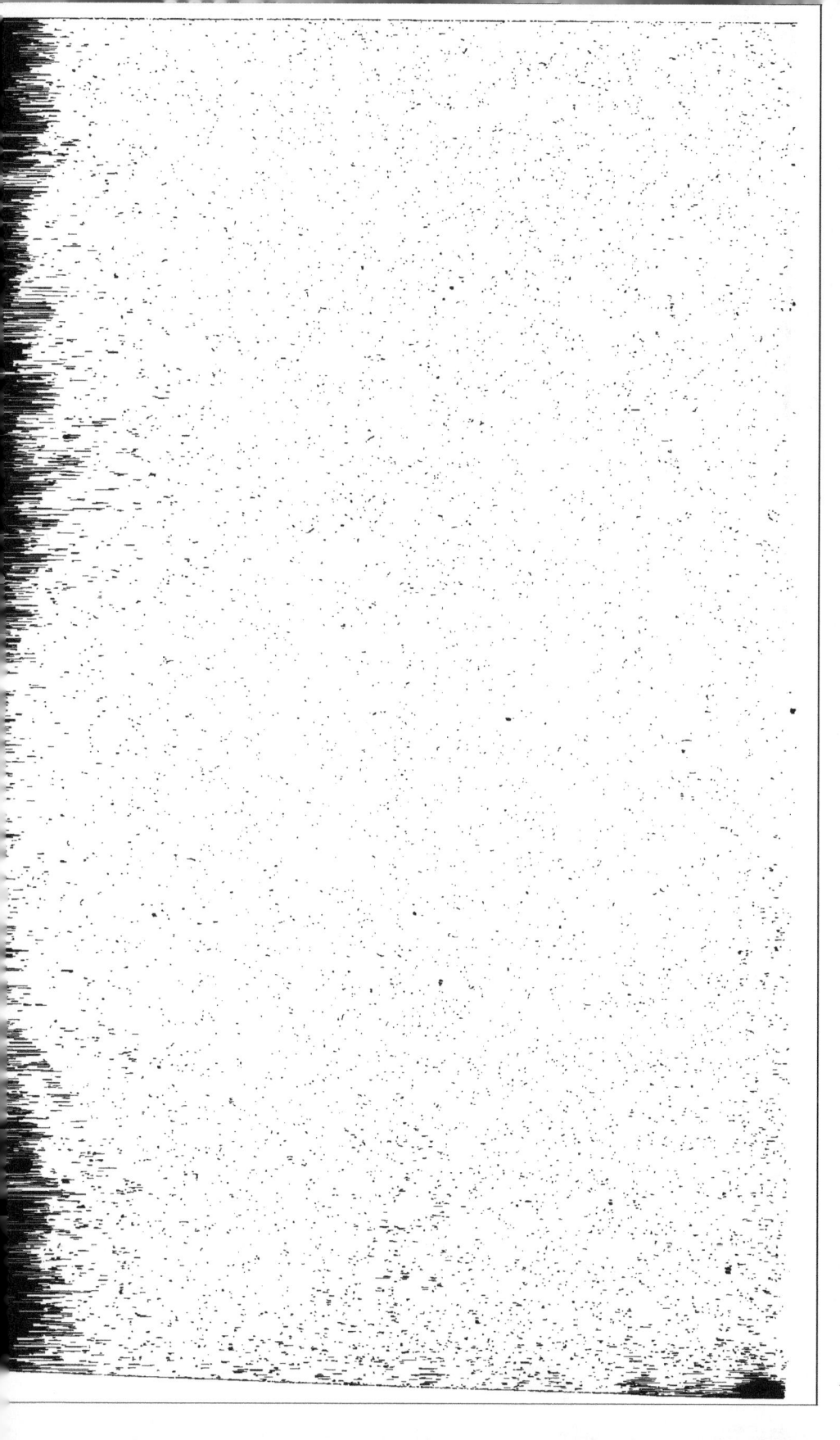